家庭教育は誰のもの？

家庭教育支援法はなぜ問題か

木村 涼子

岩波ブックレット No. 965

一　家庭教育支援法案とは

近年、少子化、貧困、子どものいじめ、学力格差などの問題について、家庭教育を支援することによってそれらを乗り越えようとする政策論議が盛んになってきている。文部科学省（文科省、以下同）では、二〇一一年六月より家庭教育支援の推進に関する検討委員会が重ねられ、翌一二年三月には『つながりが創る豊かな家庭教育――親子が元気になる家庭教育支援を目指して』と題する報告書が公表された。そうした流れを受けて、自民党は議員立法としての成立をめざして今期第一九三回国会に「家庭教育支援法」案を上程しようとしている。

二〇〇六年には、大きな議論を巻き起こし「審議不足」との声を残しながら、教育基本法が改正されたが、その際に、国民に対する徳目を求めるものと解釈できる第二条「教育の目標」とともに、第十条「家庭教育」、第十一条「幼児期の教育」という新たな条項がつくられた。今般の「家庭教育支援法案」は改正教育基本法を基盤とし、さらに明確に国家が求める「家庭」像や「親」像を提示し、その実現を責務として国民に要求する方向性を示している。

家庭教育への支援という発想そのものは、近隣コミュニティが脆弱化する中、子どもとその保護者たちの生活を安定させ豊かにするものとして評価できるし、必要なものでもある。しかし、現在めざされている「家庭教育支援」は本当にひとびとを支え、守るものなのか。本書では、戦前の歴史も踏まえながら、そのことを問い直してみたい。

自民党による家庭教育支援法案を読む（二〇一七年二月時点）

問題の家庭教育支援法案の内容をまず見てみよう。

以下に紹介するのは、二〇一六年一〇月二〇日時点で公表された、自民党による素案である。法律というものは味気ないものであるが、ポイントさえつかめばなかなかにおもしろい読み物だ。あえて全文を掲載し、解説をしていきたい。なお、ゴチック体になっている部分は、素案公表時点から議論を経て修正予定となっていることが判明している箇所である（二〇一七年二月一四日の朝日新聞の報道を参照、**図1**）。この修正箇所も興味深いポイントだ。

1　4版　2017年（平成29年）2月14日　火曜日

家庭教育支援 住民に「役割」

自民法案「介入」批判され文言修正

自民党が今国会で提出をめざす「家庭教育支援法案」の全容が明らかになった。国が家庭教育支援の基本方針を定め、地域住民に国や自治体の施策への協力を求めることなどが柱だ。一方、素案段階で「基本理念」にあった「子に国家及び社会の形成者として必要な資質が備わるようにする」の文言を削除。与党内からも、「公」が家庭に介入しかねないことへの懸念があり、考慮したとみられる。

法案は、同一世帯の構成人数が減り、家族が共に過ごす時間が短くなるなどの環境変化で、家庭教育支援が「緊要な課題」だと指摘。基本理念で、家庭教育を「父母その他の保護者の第一義的責任」と位置づけた。「子に生活のために必要な習慣を身に付けさせる」ことや、支援が「子育てに伴う喜びが実感されるように配慮して行われなければならない」ことなどを盛り込んでいる。

文部科学相が支援を総合的に進めるための「基本方針」を定め、これを参考に自治体も基本方針を定めることを求めている。

こうした内容については、昨秋の素案の段階で、与党内や識者から「家庭教育に公が介入するものと受け取られかねない」といった批判が出ていた。このため、今回明らかになった法案では、地域住民が「国又は地方公共団体が実施する家庭教育支援に関する施策に協力するよう努める」との規定についても、素案で地域住民の「責務」としていた文言を「役割」と言い換えた。また素案では、家族を「社会の基礎的な集団」と位置づけていたが、この部分も削除された。識者からは、自民党の憲法改正草案を想起させるとの指摘もあった。

一方で、素案にはあった「家庭教育の自主性を尊重」するとの文言は削除されており、法案が成立した場合、基本方針に「公」と家庭教育の関係がどう具体的に位置づけられるのかが問題になりそうだ。

自民党の中曽根弘文・青少年健全育成推進調査会長は14日、党部会で「核家族化、地域社会の希薄化などの問題が発生し、これほど重要な課題はない。教育基本法にも家庭教育について明示されている。ぜひ承認いただきたい」と述べた。（水沢健一）

■法案こう変わった

【削除】
・家庭教育の自主性を尊重
・社会の基礎的な集団である家族
・国家及び社会の形成者として必要な資質

【追加】
・家庭教育支援の重要性

【文言の変更】
・地域住民等の責務
→地域住民等の役割
・学習の機会の提供
→学習の機会及び情報の提供
・地域における家庭教育支援の充実
→地域における家庭教育支援活動に対する支援

図1　朝日新聞2017年2月14日東京本社版夕刊.

家庭教育支援法案（仮称、平成二八年一〇月二〇日時点素案）

（目的）

第一条　この法律は、同一の世帯に属する家族の構成員の数が減少したこと、家族が共に過ごす時間が短くなったこと、家庭と地域社会との関係が希薄になったこと等の家庭をめぐる環境の変化に伴い、家庭教育を支援することが緊要な課題となっていることに鑑み、教育基本法（平成十八年法律第百二十号）の精神にのっとり、家庭教育支援に関し、基本理念を定め、及び国、地方公共団体等の責務を明らかにするとともに、家庭教育支援に関する必要な事項を定めることにより、家庭教育支援に関する施策を総合的に推進することを目的とする。**＊家庭教育支援の重要性についての文言追加（挿入箇所は不明だが、おそらく第一条の「目的」の部分ではないかと思われる）**

（基本理念）

第二条　家庭教育は、父母その他の保護者の第一義的責任において、父母その他の保護者が子に生活のために必要な習慣を身に付けさせるとともに、自立心を育成し、心身の調和のとれた発達を図るよう努めることにより、行われるものとする。

2　家庭教育支援は、~~家庭教育の自主性を尊重しつつ~~**（この部分削除）**、社会の基礎的な集団である**（この部分削除）**家族が共同生活を営む場である家庭において、父母その他の保護者が子に社会との関わりを自覚させ、子の人格形成の基礎を培う〔？　最終版未確認につき不明〕、~~子に国家及び社会の形成者として必要な資質が備わるようにする~~**（この部分削除）**ことができるよう環境の整備を図ることを旨として行われなければならない。

3　家庭教育支援は、家庭教育を通じて、父母その他の保護者が子育ての意義についての理解を深め、かつ、子育てに伴う喜びを実感できるように配慮して行われなければならない。

4　家庭教育支援は、国、地方公共団体、学校、保育所、地域住民、事業者その他の関係者の連携の下に、社会全体における取組として行われなければならない。

（国の責務）
第三条　国は、前条の基本理念（以下「基本理念」という。）にのっとり、家庭教育支援に関する施策を総合的に策定し、及び実施する責務を有する。
（地方公共団体の責務）
第四条　地方公共団体は、基本理念にのっとり、国との連携を図りつつ、その地域の実情を踏まえ、家庭教育支援に関する施策を策定し、及び実施する責務を有する。
（学校又は保育所の設置者の責務）
第五条　学校又は保育所の設置者は、基本理念にのっとり、その設置する学校又は保育所が地域住民その他の関係者の家庭教育支援に関する活動の拠点としての役割を果たすようにするよう〔ママ〕努めるとともに、国及び地方公共団体が実施する家庭教育支援に関する施策に協力するよう努めるものとする。
（地域住民等の責務→**「役割」と修正**）
第六条　地域住民等は、基本理念にのっとり、家庭教育支援の重要性に対する関心と理解を深めるとともに、国及び地方公共団体が実施する家庭教育支援に関する施策に協力するよう努めるものとする。
（関係者相互間の連携強化）
第七条　国及び地方公共団体は、家庭教育支援に関する施策が円滑に実施されるよう、家庭、学校、保育所、地域住民、事業者その他の関係者相互間の連携の強化その他必要な体制の整備に努めるものとする。

（財政上の措置）

第八条　国及び地方公共団体は、家庭教育支援に関する施策を実施するために必要な財政上の措置を講ずるよう努めるものとする。

（家庭教育支援基本方針）

第九条　文部科学大臣は、家庭教育支援を総合的に推進するための基本的な方針（以下この条及び次条において「家庭教育支援基本方針」という。）を定めるものとする。

2　家庭教育支援基本方針においては、次に掲げる事項を定めるものとする。

一　家庭教育支援の意義及び基本的な方向に関する事項

二　家庭教育支援の内容に関する事項

三　その他家庭教育支援に関する重要事項

3　文部科学大臣は、家庭教育支援基本方針を定め、又はこれを変更しようとするときは、あらかじめ、関係行政機関の長に協議するものとする。

4　文部科学大臣は、家庭教育支援基本方針を定め、又はこれを変更したときは、遅滞なく、これを公表するものとする。

（地方公共団体における家庭教育支援を総合的に推進するための基本的な方針）

第十条　地方公共団体は、家庭教育支援基本方針を参酌し、その地域の実情に応じ、当該地方公共団体における家庭教育支援を総合的に推進するための基本的な方針を定めるよう努めるものとする。

（学習機会の提供等）

第十一条　国及び地方公共団体は、父母その他の保護者に対する家庭教育に関する学習の機会**及び情報**（**→この部分追加**）の提供、家庭教育に関する相談体制の整備その他の家庭教育を支援するために必要な施策を講ずるよう努めるものとする。

（人材の確保等）

第十二条　国及び地方公共団体は、家庭教育支援に関する人材の確保、養成及び資質の向上に必要な施策を講ずるよう努めるものとする。

（地域における家庭教育支援の充実**→「家庭教育支援活動に対する支援」と修正**）

第十三条　国及び地方公共団体は、地域住民及び教育、福祉、医療又は保健に関し専門的知識を有する者がそれぞれ適切に役割を分担しつつ相互に協力して行う家庭教育支援に関する活動に対する支援その他の必要な施策を講ずるよう努めるものとする。

（啓発活動）

第十四条　国及び地方公共団体は、家庭教育支援に関する取組等について必要な広報その他の啓発活動を行うよう努めるものとする。

（調査研究等）

第十五条　国及び地方公共団体は、家庭をめぐる環境についての調査研究、海外における家庭教育支援に関する調査研究その他の家庭教育支援に関する調査研究　並びにその成果の普及及び活用に努めるとともに、家庭教育支援に関する情報を収集し、及び提供するよう努めるものとする。

附則

この法律は、〇〇〇〔ママ〕から施行する。

以上が、自民党による家庭教育支援法案（二〇一七年二月時点）である。家庭教育支援法案は、家庭（ひとり暮らしを含め）という私的空間への公権力の介入ではないかということが、最も問題となる。そういう見地から見ると、二〇一七年二月時点で修正が加わった箇所は、公権力の介入の印象を弱めるものと、介入の可能性を強めるものの二方向がある。

介入の印象を弱める修正は、第二条の「社会の基礎的な集団である家族」という、戦前のような家族国家観の下での「家（イエ）」の強調ともとれる表現の削除と、「子に国家及び社会の形成者として必要な資質が備わるようにする」という愛国心や滅私奉公的なイメージを引き起こす表現の削除、さらには第六条の「地域住民等の責務」という条文見出しの「地域住民等の役割」への変更、の三点である。最後の点は、戦前の隣組的なイメージの喚起をおそれたためと思われる。

介入の強化につながる修正は、家庭教育支援の重要性を強調する文言の付加（前掲の新聞記事からの推測にすぎないが、おそらく第一条に）と、第二条中の「家庭教育の自主性を尊重しつつ」という、改正教育基本法にも書かれている重要な文言の削除の二点だ。とりわけ後者は大きな意味をもつととらえるべきだろう。

以下、前記の法案の問題点（いわゆる「つっこみどころ」）をひとつずつ説明しよう。

家庭教育支援が必要なのは、家族に問題があるから？

法案を読み、まず首をかしげてしまうのは、第一条で家庭教育を支援する必要性の理由として挙げられている「同一の世帯に属する家族の構成員の数が減少したこと、家族が共に過ごす時間が短くなったこと」という文言だ。これはおそらく、祖父母と同居しない核家族が増えたこと、共働きの増加で母親が家庭に居る時間が少ないことを問題にしたいのだろうと推測できる。しかし、親世代家庭と子世代家庭が分離し、現在のような核家族スタイルが増えたのは、産業化・都市化という社会構造の変動ゆえである。また、家族で過ごす時間が短くなっているとすれば、性別にかかわらず（また既婚・未婚にかかわらず）労働者の長時間労働が蔓延していることが、家族や個人生活の充実を困難にしているからではないだろうか。

今日の、男性をも巻き込んだ非典型（非正規）雇用の増大による社会不安の蔓延は、一九八〇年代に相次いでなされた労働の規制緩和の流れが必然的に行き着いた結果だ。一九八五年の男女雇用機会均等法制定による女性保護規定の緩和、同年の労働者派遣法制定では従来職業安定法が厳しく禁じていた労働者供給事業（二六の専門職種に限定、派遣期間も短期という限定つきながら）の合法化は、雇用における男女平等の推進を旗印としてすすめられた。これらを起点とする規制緩和は、一九九七年の男女雇用機会均等法改正による女性保護規定撤廃、一九九九年および二〇〇三年の労働者派遣法改正による対象職種の拡大、さらには二〇〇六年改正では二六業種については派遣期間の限定が廃止されるなど、加速度的に労働規制の自由化がすすめられることになった。

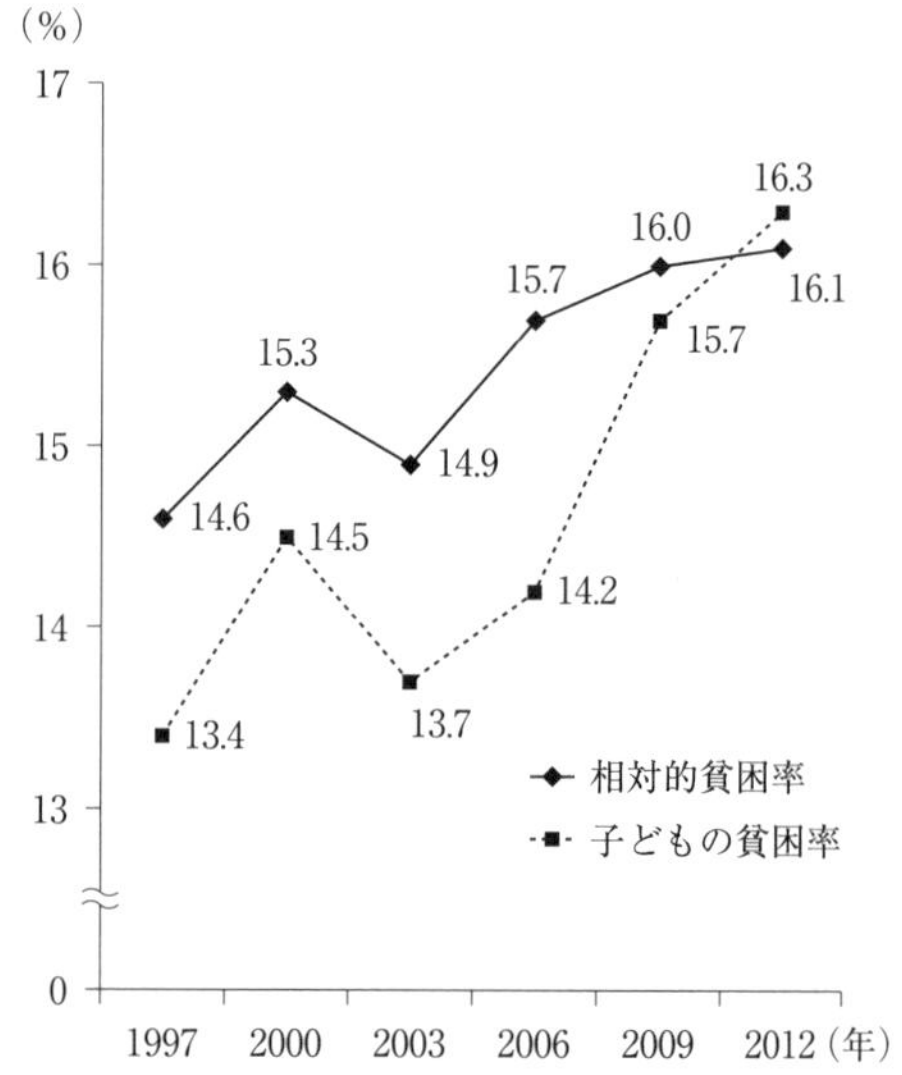

図2　相対的貧困率の年次推移
厚生労働省：平成25年国民生活基礎調査より

労働規制のラディカルな緩和によって、確かに女性の雇用労働への進出は促進されたが、その一方で、女性の非典型（非正規）雇用は一層増大し、男女間賃金格差は依然として大きい。さらに、労働規制緩和の悪影響は、女性のみならず男性を含んだ若年者・高齢者など、労働市場で「脆弱な」立場にあるひとびとを直撃している。

そうした「脆弱な」立場に落ちこぼされまいと、典型（正規）雇用の立場にある労働者もまた、労働強化、長時間労働に耐え続けなければならない。経済的な不況の中で、貧困家庭も増え続けている。日本の相対的貧困率（所得が国民の「中央値」の半分に満たない人の割合）は一九九七年の一四・六％から二〇一二年には一六・一％へ、さらに、子どものそれは、一三・四％から一六・三％へと状況は年々悪化している（厚生労働省・平成二五年国民生活基礎調査より、**図2**）。これがどのくらい深刻な数字かを認識していただくために、国際比較のデータを紹介しよう。日本の所得格差はＯＥＣＤ（経済協力開発機構）諸国の中でも大きく、二〇一二年の相対的貧困率一六・一％は、ＯＥＣＤ平均の一一％をはるかに上回っている。そして子どもの貧困率は、調査当時のＯＥＣＤ加盟国三四カ国中、一〇番目に高く、ひとり親世

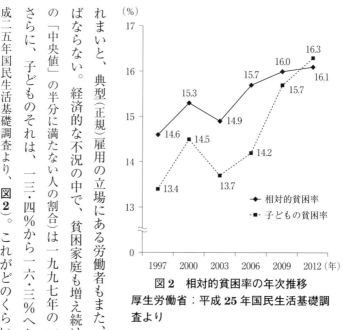

帯の子どもの場合は五〇・八％と目を覆うばかりの状態で、国内外の注目を集めている。

「待機児童」問題――子どもが安心して育つ環境の貧しさ

子どもを産み保育所に預ける経済力があったとしても、認可保育所は満杯。入所を待つ、いわゆる「待機児童」は例年二万人を超える。厚生労働省（厚労省、以下同）が公表している最新のデータでは、二〇一五年四月時点で二万三五五三人だ。「待機児童」数は年度途中の一〇月にも数値が発表されるが、この一〇年ほど毎年四万人を軽く超えている。次年度の四月入所を待って日々を過ごしている親子はたくさんいるということだ。

しかも、あまり知られていないことだが、厚労省によって「待機児童」の定義が二〇〇一年に変更され、現在の定義では、実態よりも大幅に少なく見積もられるようになっている。認可保育所への入所を希望しているが、とりあえず認可外保育施設を利用しながら待機している子どもは「待機児童」の定義から排除されることになっているのだ。

定義を変更した二〇〇一年には、「待機児童」の数は半分近くまで減っている。当時の政府は、そのことをもって「待機児童」問題が解消に向かっているかのような印象操作をしたといえよう。

しかし、実際には状況は改善されていない。各自治体による内訳データの公表などから、保護者がやむなく育児休業期間を延長したり求職活動を停止したりするなどして、厚労省の定義からはずれている潜在的な「待機児童」数は、六万人以上にのぼると推定されている（東京新聞、二〇一六年九月三日朝刊）。こうした状況から、「保育所落ちた、日本死ね」（二〇一六年「流行語大賞」になるほど社会的注目を集めた、一般の母親のブログでの言葉)という切実な叫びが生まれているのだ。

政府の男女共同参画施策も産業界も、男性の育児休業取得率を上昇させようとしたり、育児に積極的に参加する男性のことを「イクメン」と推奨するといった動きをみせているが、これだけ雇用が不安定化し、長時間労働も増えている中で、個々の父親、個々の家庭の努力でまかなえることは限られている。

こうした状況下で、家庭教育の重要性が保護者や地域住民に押しつけられても、私たちはただ困るだけだ。家庭教育を支援するなら、まずは労働条件の改善や、子育てのための施設や予算の確保が必要なのではないだろうか。

国民に対する「責務」

しかし、家庭教育支援法案は、社会の制度設計よりも、精神主義的な色合いが濃い。「親はもっとがんばれ」と言わんばかりだ。それが第二に指摘したい点である。

第二条の「基本理念」では、「父母その他の保護者の第一義的責任において」、生活習慣や自立心、心身の調和のとれた発達を図るよう「努めること」とされている。生活習慣の獲得や心身の発達を家庭が見守り促進することは当然のようにも思えるが、それは法律でひとびとの責務のように規定されるべきことだろうか。

第二条の2項もなかなかにおそろしい。この項は家庭教育支援の在り方を述べているのだが、その内容を見ると、「父母その他の保護者」には、子どもに社会との関わりを自覚させ、人格形成の基礎を培うことも、どうやら義務として課せられるようだ。3項を読むと、さらに「子育ての意義についての理解も深め」なければならないことがわかる。つまり、子どもを育てる国民には、このような種々の義務が課せられるのだ。

第三条は「国の責務」、第四条は「地方公共団体の責務」、第五条は「学校又は保育所の設置者の責務」と、公的なシステムの責務が述べられており、違和感はない。

しかし、現在修正が予定されているとはいえ、第六条の「地域住民等の責務」という表記は気にかかる。現在の修正では地域住民は「責務」からのがれ、「役割」に緩められているが、結局は子どもを育てていようがいまいが、国民全体に責務が課されようとしている。そう考えると、第二条は「基本理念」と題されているが、「子を育てる国民の責務（プラスそれを支援するシステム）」が実質的に述べられていると受け取った方が適切だろう。

二　「外堀」を埋めるかのような「国民運動」

各地で広がる家庭教育支援条例制定運動

国のレベルでは家庭教育支援法はまだ成立していないが(二〇一七年四月時点)、地方議員による提案の形で、二〇一三年四月に熊本県、同年一〇月に鹿児島県、二〇一四年一〇月に静岡県、同年一二月に岐阜県、二〇一六年四月に徳島県などこれまでに七県、二〇一五年六月に加賀市、同年一二月に千曲市、二〇一六年一二月に和歌山市などが、それぞれ家庭教育支援条例を制定している。今後も増えることが推測される。

それぞれの条例はかなり似通っているが、国政レベルで自民党が用意している法案よりも、家庭教育の内容に踏み込んでいるものが多い。

たとえば、岐阜県の条例では、以下の九項目が、保護者が子どもに対して育むべきものと定義されている。これらの項目も子育ての内容として一般的に語られる場合にはあまり不自然ではないかもしれないが、自治体の条例で県民に義務化されるとなると、意味は異なってくる。

一　基本的な生活習慣
二　自立心
三　自制心

四　善悪の判断
五　挨拶および礼儀
六　思いやり
七　命の大切さ
八　家族の大切さ
九　社会のルール

徳島県の条例では、保護者だけでなく「子供の祖父母」までも「家庭教育に積極的に協力するよう努めるものとする」とひっぱりだされる。「『有徳の人』の育成」を掲げる静岡県の条例は、「子供の教育について第一義的責任を有することを自覚せねばならない」と保護者を戒めている。「愛情による絆で結ばれた家族」（熊本県・鹿児島県・岐阜県・徳島県・千曲市など）、「愛情で包まれた家族」（加賀市など）、「保護者は（中略）子供に愛情をもって接し」（鹿児島県・静岡県・和歌山市・千曲市など）と、「愛情」という、プライベートな関係性の中で個人の内面に自主的にしか生まれ得ない感情に触れた文言が多いことも特徴である。

これらの条例は、最初に地方自治体として条例を制定した熊本県の文章をひな形としていると思われる。ところどころに各自治体の「個性」が見出されるが、基本理念の文言や構造はほぼ似通っている。

「親学」推進運動――「立派な親」をつくる国民運動の政治性

熊本県の条例では、「各家庭が改めて家庭教育に対する責任を自覚し、その役割を認識する」「保護者が親として学び、成長していく」ことの必要性を述べ、「親としての学び」を推進する条項が詳しく書かれている。こうした「親としての学び」や「親になるための学び」を強調する点はすべての条例に共通している。各地の家庭教育支援条例が「親学」なるものの推進と歩みをともにしているようにみえる。

近年「親学」という言葉をよく耳にしたり、「親学」を掲げる書物を目にしたりするようになっている。二〇〇一年に親学会(二〇一〇年にNPO法人化)、二〇〇六年に親学推進協会(二〇〇九年に一般社団法人化)が設立され、同時期にPHP親学研究会も発足。二〇〇四年頃よりそのいずれの団体にも関わっていた高橋史朗氏らが「親学」をタイトルにつけた書籍を出版するようになる(以下敬称略)。高橋は歴史教科書問題に関わり、戦後教育を自虐史観として批判、後述する「ジェンダー・フリー」教育・性教育バッシングなどでも「活躍」してきた人物だが、近年は親学、家庭教育再生に注力している。

「親学」関係の書籍を読めば、いじめ・ひきこもり・自殺・少年犯罪・虐待・不登校・学級崩壊・発達障害など、子どもが直面する問題はすべて、親の自覚や知識そして愛情のなさゆえではないかと、保護者の責任を問うメッセージに満ちている。かつての日本人は正しい子育てを伝統的におこなっていたが(その根拠はあいまい)、いまの親はそれを忘れてしまっている。だからこそ、「親学」によって「立派な親を育てなければなりません」(高橋史朗監修・親学会編『続・親学のすすめ』モラロジー研究所、二〇〇六年、三二三頁）ということになる。高橋は、「日本独自の『親学』を体系化」し、「日本の内外に広げていくことは、家族のきずなの崩壊と家庭の解体という人類の危機を救うことがもとめられている私たち日本人に与えられた歴史的使命である」（高橋史朗監修・親学会編『親学のすすめ』モラロジー研究所、二〇〇四年、まえがき）と述べる。

近年、この親学推進の動きは、明確に政治性をあらわすようになっている。二〇一二年四月に、超党派の国会議員による親学推進議員連盟が、安倍晋三を会長として結成された。そこで内容を提言する役割を果たしたのは、親学推進協会会長・木村治美と同理事長・高橋史朗らである。親学推進議員連盟では、親学を推進するための条例、すなわち家庭教育支援条例を地方自治体で策定し、やがては家庭教育支援法を国の法律として制定しようとの行動方針が共有されていると考えられる。それは、おそらくは憲法改正も含めて、戦後日本を総決算するための「国民運動」として提唱されているのである。

「大阪維新の会」の家庭教育支援条例案の悪質さとその役割

親学推進議員連盟結成の翌月二〇一二年五月には、各自治体での条例制定の先駆けとなるかのように、大阪市で大阪維新の会が家庭教育支援条例を提案した。この条例案については大きな批判が巻き起こり、大阪市ではいまのところ成立していない。

大阪維新の会の条例案の前文には、以下のような文章が含まれていた。

「近年急増している児童虐待の背景にはさまざまな要因があるが、テレビや携帯電話を見ながら授乳している『ながら授乳』が八割を占めるなど、親心の喪失と親の保護能力の衰退という根本的問題があると思われる。

さらに、近年、軽度発達障害と似た症状の『気になる子』が増加し、『新型学級崩壊』が全国に広がっている。ひきこもりは七〇万人、その予備軍は一五五万人に及び、ひきこもりや不登校、虐待、非行等と発達障害との関係も指摘されている」

児童虐待や発達障害・ひきこもり・非行まですべて親の責任、とりわけ「ながら授乳」という言葉があることから、母親の責任が大きいと見なすような思考が透けてみえる。

また「発達障害、虐待等の予防・防止の基本」と題した第十五条は、「乳幼児期の愛着形成の不足が軽度発達障害またはそれに似た症状を誘発する大きな要因であると指摘され、また、それが虐待、非行、不登校、引きこもり等に深く関与していることに鑑み、その予防・防止をはかる」と明言している。

乳幼児期の子育ての在り方と、子どもが抱えるこうした問題の関係については、医学的にも脳科学的にも、また心理学や社会学的にも、種々の研究や調査が蓄積されてきているが、明確かつ一貫した因果関係は明らかになっていない。にもかかわらず、後述するが、「親学」などの推進者は、科学的に明証されていると、学術的な根拠も示さず主張する傾向がある。

この条例案は、子どもをとりまく種々の社会状況を見るのではなく、保護者のみに責任を問う論理構成となっており、その点が悪質なものだと言わざるを得ない。日本自閉症協会など、自閉症や発達障害の関係者・専門家からも激しい抗議を受け、大阪維新の会の条例案はわずか数日で白紙撤回に至ったのである（二〇一二年五月七日）。

大阪維新の会の条例は現在のところ成立していないが、科学的根拠があたかもあるようによそおって親の責任を追及する過激な条例案を提案しては、批判を受けて撤回を繰り返す。これは一種の観測気球ではないだろうか。値引きの交渉をするように、妥当な線からかけ離れたものをまず提示し、拒否されれば引き下がり、もう少し穏当なものを提示する。そうした形で、現在の常識では受け入れられない考えにひとびとを慣らしていく手法に見える。実際、大阪市の条例案が頓挫した後、それよりはマイルドな、しかし、問題が多々ある条例が、地方議会議員による提案として、地方自治体で成立している。これらを積み重ねたうえで、国レベルでの家庭教育をコントロールするための法案成立がめざされていると考えるべきだろう。

ちなみに二〇一一年九月、橋下徹府知事が代表を務める大阪維新の会が大阪府議会に提出した「大阪府教育基本条例」も同様の観測気球の役割を果たしていると考えられる。この教育基本条例とその問題点については、志水宏吉著『検証　大阪の教育改革――いま何が起こっているのか』（岩波ブックレット、二〇一二年）に詳しいので参照されたい。

三　教育基本法「改正」とのつながり

「改正」の内容、本当に知っていますか――国民に課される種々の徳目

教育の憲法とも言われる教育基本法が二〇〇六年に「改正」されたが、どのように変わったのか知っている人は、残念ながらそれほど多くないだろう。実は、すべての人に大きく関わるような「改正」がなされている。

教育基本法は、さまざまな議論を引きずり、反対意見も多い中、二〇〇六年一二月に「改正」が「強行」された。

とりわけ問題となったのは、教育における憲法と言われる教育基本法の名宛人は誰なのか、ということだった。法律には、それを守らねばならない名宛人というものが常に定められている。たとえば憲法の名宛人は、国家である。主権を有している国民が、象徴天皇を含む国家を名宛人として、守るべきことを定めたものが憲法だ。そのことは、第九十九条に「天皇又は摂政及び国務大臣、国会議員、裁判官その他の公務員は、この憲法を尊重し擁護する義務を負ふ」と明記されている。

憲法に基づいて重厚な前文をもって一九四七年に制定された教育基本法も、戦前のファシズム期に教育が果たした負の役割の大きさを鑑みて、国民のために国家が守るべき法律として解釈さ

れていた。二〇〇六年の改正に向けての議論でも、教育基本法の名宛人は国家である、との法律家の主張も多かった。実際「改正」前の教育基本法は、そうした解釈がふさわしい内容となっていた。

しかし、改正された教育基本法には、名宛人として国民を想定していると考えざるを得ない面が多い。その代表的な条項が、第二条「教育の目標」である。

（教育の目標）

第二条　教育は、その目的を実現するため、学問の自由を尊重しつつ、次に掲げる目標を達成するよう行われるものとする。

一　幅広い知識と教養を身に付け、真理を求める態度を養い、豊かな情操と道徳心を培うとともに、健やかな身体を養うこと。

二　個人の価値を尊重して、その能力を伸ばし、創造性を培い、自主及び自律の精神を養うとともに、職業及び生活との関連を重視し、勤労を重んずる態度を養うこと。

三　正義と責任、男女の平等、自他の敬愛と協力を重んずるとともに、公共の精神に基づき、主体的に社会の形成に参画し、その発展に寄与する態度を養うこと。

四　生命を尊び、自然を大切にし、環境の保全に寄与する態度を養うこと。

五　伝統と文化を尊重し、それらをはぐくんできた我が国と郷土を愛するとともに、他国を尊重し、国際社会の平和と発展に寄与する態度を養うこと。

このように多岐にわたる「教育の目標」条項は、旧教育基本法には存在しなかった。新第二条は、国民に求められる「徳目」を定める性格をもち、私たちの精神的自由を侵す危険性をはらんでいる。あるべき国民像、のぞましい国民像を定めたと見なさざるを得ない条項が定められたことは、「教育行政」に関する規定の「改正」(旧第十条、新第十六条)と結びついて、今後の国政(運営)次第では大きな力を発揮して、私たちを拘束していく可能性がある。

ここで新旧の「教育行政」の条項を並べてみよう。傍線は筆者による。一重傍線は文言に変更はないが、意味が変わったと解釈できる部分、二重傍線は文言そのものが変更された部分。

【改正前】

第十条　教育は、不当な支配に服することなく、国民全体に対し直接に責任を負つて行われるべきものである。

2　教育行政は、この自覚のもとに、教育の目的を遂行するに必要な諸条件の整備確立を目標として行われなければならない。

【改正後】

第十六条　教育は、不当な支配に服することなく、この法律及び他の法律の定めるところにより行われるべきものであり、教育行政は、国と地方公共団体との適切な役割分担及び相互の協力の下、公正かつ適正に行われなければならない。

旧教育基本法の第十条「教育行政」は、戦後の法整備の際、再三議論され修正が繰り返され定められた条項である。とりわけ「不当な支配に服することなく」の箇所が議論の対象となった。一九四六年一二月二一日時点では「政治的又は官僚的支配に服することなく、国民に対し独立して責任を負うべきものであること」となっていたが、何度か審議を重ね、四七年一月三〇日の閣議案では「不当な支配に服することなく、国民に対して直接に責任を負うべきものである」と修正され、ほぼそれに近い形で成立した。

「不当な支配」が教育基本法成立当初、ファシズム期の反省から「政治的・官僚的支配」を意味していたことは明らかである。一九四六年七月から翌年三月にかけての国会審議でも、「不当な支配」とは何を指すのかが何度か議論になり、「官僚的の干渉なり或いは政党政派の干渉」（田中耕太郎文部大臣、一九四七年七月三日帝国議会衆議院）、「従来官僚とか一部の政党とか、その他不当な外部的干渉」（辻田力文部次官、一九四七年三月一四日帝国議会衆議院）といった答弁がなされている。そういう文脈の中で「国民全体に対し直接責任を負つて」という文言も必須として含まれたのである。

実は教育基本法の改正に際して「不当な支配に服することなく」という文言を削除しようという意見もあった。ただ、これには反対意見も多く、残された。しかし、右記の新旧の比較からわかるように、新第十六条では、旧第十条の「国民全体に対し直接に責任を負つて」という文言が削除され、その代わりとして「この法律及び他の法律の定めるところにより」という文言が位置づけられている。

旧教育基本法第十条は、教育行政について「国民全体」のために行われるとし、国家権力ないしは、権力の近くに位置する勢力からの「不当な支配」の歯止めとなることをめざしたものだった。この「国民全体に対し直接に責任を負つて」という条文を根拠に、これまでに、全国一斉学力テスト、国旗掲揚・国歌斉唱、学習指導要領の法的拘束力、教科書検定制度などが、議論の俎上にのり、裁判闘争も行われてきた。

改正教育基本法が名宛人を国民ととらえた上で、教育行政に関しても「国民全体に対し直接に責任を負」うのではなく、「この法律及び他の法律の定めるところにより」行われると定めた以上、何が「不当な支配」に相当するかの定義について、旧教育基本法の想定していたこととはまったく逆のことが起こりうる。つまり、「不当な支配」について、主権者国民の意思に問い返すのではなく、「この法律」がさだめたこと、つまり第二条の「教育の目標」が基準となったことで、教育基本法による国民の支配は閉じた連環を構築することになる。つまり、国民の多くがもとめるものであったとしても、「教育の目標」に沿わないと国家によって解釈された教育内容は、「不当な支配」に相当するものとして排斥されていく未来が考えられるのである。

第二条「教育の目標」で変わっていく教育

今般正式に教科化された道徳は、この第二条「教育の目標」を基礎として展開されていく。その具体例が早速あらわれた。

二〇一七年三月二四日、教科化された初の道徳教科書の検定において、「パン屋」が「和菓子屋」に修正されて合格になったと各新聞は報じた（**図3**）。あまりのばかばかしさにあきれる声がメディアにもあふれた。まったく冗談としか思えないような文科省の検定意見だが、これは伝統や郷土愛を教えるための修正という。

図3 毎日新聞2017年3月25日.

この教科書検定修正意見は、改正教育基本法第二条の五号「伝統と文化を尊重し、それらをはぐくんできた我が国と郷土を愛するとともに、他国を尊重し、国際社会の平和と発展に寄与する態度を養うこと」に従ったものだろう。検定する側の教科書調査官らの気まぐれなどではない。この愚かしく思われる修正は、教育基本法という強力な法的後ろ盾をもっておこなわれているのである。パン屋の例は氷山の一角に過ぎない。二〇一四年の教科書検定審査要項の改定において不合格要件と定めた規定の中に「教育基本法に示す教育の目標」に「照らして」との文言が入るなど、検定制度と改正教育基本法の関係が強化される中、検定合格をかちとることは死活問題であるから、あらゆる学年のあらゆる教科について教科書会社は、第二条「教育の目標」を意識して編集をすすめているはずである。

第二条の五号は、改正当時、愛国心を強制するものとして幅広い抗議を巻き起こした。この条項については性差別の撤廃という観点からも、重大な問題がある。この条項に含まれる「伝統と文化の尊重」という文言は、「ジェンダー・フリー」教育バッシングの中でさかんに使われたフレーズである。「伝統や文化」といった、ひとびとの考えによっても、また地域や年代によっても異なるとともに、恣意的に構築することすらできる概念によって定義された「教育の目標」条項が、今後政治的に利用されていく可能性は極めて高い。性別の二分法で多様な個人を拘束してしまわないようにという意味での「ジェンダー・フリー」教育や、子どもの立場に立ち先進的な取り組みをしていた性教育が、あるべき性差や家庭像を崩壊させ、子どもを過激な性行動に駆り立てるものとして、種々の事実誤認や歪曲による批判を受け、執拗なバッシングを受けたことは記憶に新しい(石 二〇一六、木村 二〇〇五)。性差別は「日本の伝統や文化」という名の下に、容易に擁護され正当化されてしまうのである。

また、オールドカマー／ニューカマーの子ども、日本の「伝統」や「文化」の中にある「らしさ」のステレオタイプに違和感をおぼえる子ども、「普通」とされる家庭をもたない子ども、施設などで育つ子ども、セクシュアル・マイノリティの子ども、身体の弱い子ども、自己主張が苦手な子どもなど、教室の中には、多様な子どもたちが居る。「あるべき」何かを前提とし、それを強制することは一種の暴力であり、教育の場・学習の場にはふさわしくない。現実の子どもたちの姿を思い浮かべれば、改正教育基本法は、平等で自由な教育・学習の場を保障することにあまり関心をもたない法であることがよくわかる。

改正教育基本法を背景に、あるべき「日本人」、あるべき「家庭」が強調される流れが加速しつつあることを、家庭教育支援法案は示している。その基礎となる教育基本法の家庭教育に関する条項を見てみよう。

保護者の第一義的責任の強調──改正前には存在しなかった文言

先述のように改正教育基本法は、家庭での教育に関わる条項を二つ新設している。子の教育についての保護者の「第一義的責任」を定めた第十条「家庭教育」と、幼児期を「生涯にわたる人格形成の基礎を培う重要なもの」と定義する第十一条「幼児期の教育」である。ここでは、まず第十条を見てみよう。第十一条については、母子関係という観点から次の第四章で詳しく触れる。

（家庭教育）

第十条　父母その他の保護者は、子の教育について第一義的責任を有するものであって、生活のために必要な習慣を身に付けさせるとともに、自立心を育成し、心身の調和のとれた発達を図るよう努めるものとする。

2　国及び地方公共団体は、家庭教育の自主性を尊重しつつ、保護者に対する学習の機会及び情報の提供その他の家庭教育を支援するために必要な施策を講ずるよう努めなければならない。

第十条は、「父母その他の保護者は、子の教育について第一義的責任を有する」とし、「生活のために必要な習慣」「自立心」「心身の調和のとれた発達」に責任を負うものと定めている。「第一義的責任」という文言は旧教育基本法には存在しなかった、実は重大な変更である。

憲法は国民に「その保護する子女に普通教育を受けさせる義務を負ふ」（第二十六条）との義務を課しているが、「義務教育は、これを無償とする」（同前）と、国家の責任もともに明記している。改正教育基本法は同じく、国民はその保護する子に「普通教育を受けさせる義務を負う」（第五条）と定めている。改正前の教育基本法は「九年間の普通教育」と義務教育年限を定めていたが、現在は変更が可能なように年数が削除されている。憲法や改正教育基本法が述べる普通教育が何年であるのかについては、現在は学校教育法の第十六条で「九年間」と定められている。よって学校教育法の改正で普通教育年限を変更することが可能になった。

つまり、教育基本法の改正前には、子の教育に関して保護者が負っていた義務は、九年の普通教育を受けさせるということに限られていたが、その範囲が大幅に拡大されたことになる。しかも、「第一義的責任」という文言が使われているのは、単に義務を負うということだけではなく、責任主体の序列が示されていると考えるべきではないだろうか。

たとえば、民法上の親権については「子の監護及び教育をする権利を有し、義務を負う」（民法第八百二十条）と定められているが、そこには子と保護者との関係しか示されていない。しかし、子の教育全般に関する「第一義的責任」が教育基本法において新たに規定された以上、一番に責任を負うのが保護者であるとすれば、二番目、三番目は「誰」なのかを問わねばならない。そう考えると、子どもの教育や福祉に関することは国や社会の責任よりも、まずは個々の家庭の責任だという枠組みが思い浮かぶ。

「第一義的な責任」という文言は、一九九四年に日本で効力が発生した国際条約「児童の権利に関する条約」（子どもの権利条約）においても用いられている。第十八条がそれであるが、この条項は以下のような流れになっている。

「児童の権利に関する条約」第十八条（一部、原文英語を筆者挿入）

1　締約国は、児童（the child）の養育及び発達について父母（both parents）が共同の責任を有するという原則についての認識を確保するために最善の努力を払う。父母（parents）又は場合により法定保護者（legal guardians）は、児童の養育及び発達についての第一義的な責任（the primary responsibility）を有する。児童の最善の利益（the best interests of the child）は、これらの者の基本的な関心事項となるものとする。

2　締約国は、この条約に定める権利を保障し及び促進するため、父母及び法定保護者が児童の養育についての責任を遂行するに当たりこれらの者に対して適当な援助を与えるものとし、また、児童の養護のための施設、設備及び役務の提供の発展を確保する。

3　締約国は、父母が働いている児童が利用する資格を有する児童の養護のための役務の提供及び設備からその児童が便益を受ける権利を有することを確保するためのすべての適当な措置をと

る。(以上、外務省ホームページで公表されている公定訳)

いかがだろうか。確かに「児童の権利に関する条約」においても「保護者」(ここで 'parents' の外務省訳が「父母」になっていることについては後述)が「子」の養育や発達について「第一義的責任」を有すると定められているが、この条項では保護者が「第一義的責任」を有する際に最も重要なことは、締約国にとって「望ましい国民」・「あるべき国民」をつくることではなく、「児童の最善の利益」だと明記されている。そして第十八条全体が、保護者が子どもの最善の利益を実現するために締約国が果たさねばならない責務について多くを述べている。同じ「第一義的責任」という言葉が用いられていても、その文脈は、家庭教育支援法案の場合と大きく異なる。

家庭教育支援法案と教育基本法の関係

二〇〇〇年の教育改革国民会議報告が掲げた十七の提案の筆頭が「教育の原点は家庭であることを自覚する」であったことを思い起こそう。家庭の責任を問う流れは、教育基本法改正において法制度上の結実をみたのである。そして、それが家庭教育支援法案の提案へとつながっている。教育基本法と家庭教育支援法案の深い関係性は、家庭教育支援法案の第一条に明確に述べられている。

再び、第一条を見ていただこう。

第一条　この法律は、〔中略〕教育基本法(平成十八年法律第百二十号)の精神にのっとり、家庭教育支援に関し、基本理念を定め、及び国、地方公共団体等の責務を明らかにするとともに、家庭教育支援に関する必要な事項を定めることにより、家庭教育支援に関する施策を総合的に推進することを目的とする。

第一条は法律の目的として、「教育基本法の精神にのっとり、家庭教育支援に関し、基本理念を定め」ると宣言している。

教育基本法改正の議論の際に、「家庭教育」という新しい条項ができるにあたって、第二条「教育の目標」は学校教育のみならず、家庭教育に対しても課されるものとなるのではないか、つまり、国家による家庭・私生活への介入ではないかとの議論がなされていた。

第六条において「法律に定める学校」はすべて「教育の目標」を達成する任務を担うことが明記されているが、家庭教育や社会教育と第二条との関係は、法律の文言上、不明確となっている。「家庭教育」に関する規定を新設した趣旨についてとともに、家庭教育に国が介入することになるのではないかという質問が二〇〇六年六月二日の衆議院においてなされた際に、小坂憲次文科大臣(当時、以下同)は、「家庭教育は、本来、保護者の自主的な判断に基づいて行われるべきであることから、それに十分配慮いたしまして、第二項において、家庭の自主性を尊重するということを明示的に規定している」と答弁した。また、第十条「家庭教育」について、さらに「この条文というのは、個々の家庭における具体的な教育内容について規定はいたしておりません。それはなすべきではない、このようなことを法律で新たに設けるという意思ではないということをここで付言させていただきたいと思います」と述べ、第二条「教育の目標」と第十条「家庭教育」は直接に連動するものではないという説明をしている。

ところが、二〇〇六年一一月一日の衆議院で同様の質問が出された際に、九月に文科大臣に就任していた伊吹文明は、家庭教育施策の重要性を説明するために、「鍵っ子」という、いまや「死語」とも言える言葉を用い、幼稚園や保育所・学童保育は、それらの子どもたちに、「家庭と同じような情操教育をしている」と述べた。伊吹大臣は、いまだに、幼児教育や集団保育のもつポジティブな側面を認めず、本来の家庭の愛情に欠ける子どもたちを何とかしなくてはならないという、かなり古い考え方の枠組みから抜け出ていないことがわかる。同月六日の衆議院では、共産党の石井郁子議員からの質問に、「家庭の自主性を尊重しという言葉はきちっと入れている」「思想、心情、宗教にかかわるようなこと、たとえば、やはり共産主義に基づいた教育は私はやりたくないけれども、それをやりたいというイズムの方もおられるでしょう。そこへは介入しないということを明文化している」と答弁している。

第二条「教育の目標」がすべての教育に及ぶのか、この点については家庭教育のみならず社会教育や生涯学習(第三条として新設)の面からも、繰り返し議論されている。二〇〇六年一〇月三一日の衆議院で塩崎恭久内閣官房長官は、「第二条は、あらゆる教育主体、機関が教育を行うにあたって踏まえるべき目標として書かれている」「したがって、家庭教育とか社会教育にも適用がある」と答弁した。しかし、「あらゆる教育主体についてすべての目標を一律に取り扱うことまでも求める趣旨ではない。家庭教育や社会教育は実施主体の責任のもと、本来自主的に行われる教育であるわけ」だから「現場にゆだねられている」と説明がなされた。まさに玉虫色といってよい答弁だろう。さらに一二月五日に参議院で質問された際の伊吹文科大臣の答弁は、家庭教育も職業教育も社会教育も、第二条に関わることを示唆するものであった。当時の道徳教育の学習指導要領に近い内容で五つの項目として列挙された「教育の目標」の達成に、家庭教育も責任をもたねばならないとすれば、それは家庭の在り方に対する国家介入を許す大きな法改正といえる。

第十条には確かに「家庭教育の自主性を尊重しつつ」という文言も含まれている。とはいえ、公権力の介入にある程度の歯止めをかける「家庭教育の自主性を尊重しつつ」という文言がどれだけ実効性をもつものとして維持されるのか大きな不安がわきあがる。

そうした不安は国会の場だけでなく、当時全国五カ所でアリバイづくりのように駆け足で実施された「一日中央教育審議会」や「教育関係団体ヒアリング」においても、家庭教育への公権力の介入や国民に家庭教育に関する義務を課すことへの批判意見が出されている。

しかし、本書冒頭で見たように、自民党の家庭教育支援法案の二〇一七年二月時点の修正案では、「家庭教育の自主性を尊重」という文言が削除されようとしている。まさにダムは決壊寸前である。

四　再びの母性愛・三歳児神話の強調？

乳幼児教育の強調

すでに述べたが、改正教育基本法では、第十条「家庭教育」とともに、第十一条「幼児期の教育」という条項も新設された。この意味を、とりわけ母親役割の強調という文脈から、考えてみよう。新設の第十一条は以下のとおりである。

（幼児期の教育）
第十一条　幼児期の教育は、生涯にわたる人格形成の基礎を培う重要なものであることにかんがみ、国及び地方公共団体は、幼児の健やかな成長に資する良好な環境の整備その他適当な方法によって、その振興に努めなければならない。

前章で、家庭教育の重要性を掲げる条項の新設は、家庭教育に対する国家の介入を強めるものとして批判されているし、教育や福祉の分野を、国家の責務から「家庭」の責務に転換していく方向性をもつものであると述べた。しかし、この第十一条は、「家庭教育」条項よりも、より狭く、母親に照準を当てた意図があると思われる。「家庭教育」条項以上に、「母性」や固定的な性別役割分担の強調につながる危険性がある。

子ども中心の近代家族の誕生と「母性愛神話」

現代の私たちがイメージする家族像は決して普遍的なものではない。家族像のみならず、私たちが考える子育て観もまた近代の産物であることが、種々の研究から明らかになっている。母親がつきっきりで子育てをする文化は、人類史上非常に新しいものであることは、祖父母以上の世代のことを考えればすぐにわかるだろう。戦前まで日本社会のほとんどのひとは、農業など第一次産業に従事していた。母親は出産後まもなく野良仕事に出て、その合間に乳をやり、乳幼児は祖父母や姉兄や子守りなど複数の手で、適度にケアされつつも、適度に放っておかれながら育てられた。だからといって、そんな育て方では、子どもが「ゆがむ」と考えられることはなかっただろう。

高度経済成長期以前には、乳幼児子育てに専念する余裕は母親にはなかったし、そのような子育てが社会的に求められることもなかったのだ。夫婦の愛の結晶である子どもの教育を中核に置き、夫は外で働き妻は家庭を守るという性分業をベースとする家族像・生活スタイルは、歴史的には近代家族と呼ばれ、日本社会では大正期・昭和初期の都市で誕生しはじめ、高度経済成長とともに全国に広がっていった。乳幼児のそばで一日中愛を注ぐ「母性愛」なる考え方は、近代家族とともに歴史的につくられたものである。「母性愛」が本能として「神話」化される歴史的過程を追い、「神話」の呪縛性を解き明かした研究は数多い（バダンテール 一九九八、アイヤー 二〇〇〇）。「神話」とは、真偽が明らかではないにもかかわらず、それを検証する余地をあたえないような力を発揮するという意味である。女性は母親になると無私の母性愛を抱き、子育てに専念するものだという考え方を「母性愛神話」と呼ぶ。

母性愛神話を相対化する試みの一つが「育児不安（anxiety in child rearing）」の概念化であった（牧野 二〇〇五）。一九八〇年代以降、子育ては楽しいばかりではなく、多かれ少なかれ苦悩や不安をともなうものであることを前提に、母親が抱えるマイナスの感情を「育児不安」と名づけて可視化する研究がすすんだ。調査研究の中で、「育児不安」が高まる背景には、乳幼児期の母子が密室で孤立していること、育児の理想型や母親のあるべき姿についての情報ばかりが孤立状態にある母親にふりそそいでいることなど、現代の子育て事情があることが指摘された。子どもにとっても、母親としか交流のない生活がのぞましいとは言えないだろう。保育所や幼稚園などで他の乳児・幼児、家族以外の大人とふれあうことが、子どもの発達にとってもプラスであるという見方が一般的になっている。

しかし、母性愛神話は、不安や迷いを感じつつ子育てをしている母親を沈黙させる力をもっている。マイナスの感情を一人で抱え込まざるを得なかった母親が、子どもを虐待するところまで追いつめられることすらある。児童虐待が社会問題化した一九八〇年代から九〇年代にかけて、実母による虐待の実態に光が当てられ、虐待される子どもはもちろんのこと、虐待する母親の側にも深い苦悩があることが明らかにされてきた。状況によっては誰もが「育児不安」に悩む可能性があり、不安が嵩《こう》じる中では誰もが児童虐待をおこなってしまう危険性を抱えている。これは、現代の母親が共通に抱えている精神的危機を象徴するものと言えるだろう。

「三歳児神話」再興の懸念――「三つ子の魂百まで」が日本の伝統的子育て？

「母性愛神話」と並んで「三歳児神話」と言われるものがある。日常生活ではそれらが極端化した言説が現在もある程度力をもっている。たとえば、母親が二四時間子育てに集中していなければ、子どもが「ゆがむ」。そうした言説は、特に三歳児までの乳幼児期に関して強調されることが多く、それが「三歳児神話」である。「三歳児神話」は、女性が仕事と家庭の両立について悩む時に、「仕事を辞めて家庭に入る」という選択を後押ししてきたし、子どもに何か問題が生じた場合は、自分を責めるよう母親を追い込むなど、強力な力を発揮してきた。

二〇〇六年六月二日の衆議院において、改正教育基本法に「幼児期の教育」条項を新設する趣旨を質問された際、小坂文科大臣は「よく『三つ子の魂百まで』と申しますけれども、まさに幼児期に受けた影響というのは、一生を通じて人間形成の中で大きな影響をもつものだというふうに認識をいたしておりまして」と述べ、「基本的な生活習慣や態度が身についていないこと」、「自制心や抵抗力」や「忍耐」、「規範意識」が育っていないということについて、幼児期の家庭教育の責任の大きさを示唆する趣旨のことを述べている。同大臣は幼稚園や地域社会の役割にも触れているが、話の先頭には家庭が挙げられている。

十年以上前から親学を推奨し、親学推進協会の理事長をしている先述した高橋史朗は、「三つ子の魂百まで」ということわざをよく用いる。「日本人は昔から『三つ子の魂百まで』と言い伝えてきました。子供は、三歳までは家庭でしっかり育てることがとても大事だと考えてきたわけです」(前掲『親学のすすめ』二六五頁)。にもかかわらず、「三歳までは母の手で」育てる意識も実態も、現代社会では消えつつあることを彼は歎く。「三つ子の魂百まで」という古来からの日本人の知恵は、三歳までの母子関係の重要性についての科学的知見を、実体験で体得していたものに違いない。であるから、「三歳までは母親がつききりで愛情をこめて育てることが必要だ」という考え方を、科学的根拠のない「三歳児神話」としてかたづける風潮に警鐘を鳴らしている。たとえば一九九八年の『厚生白書』は、現代の子育て状況をていねいに説明したうえで、「三歳児神話には、少なくとも合理的な根拠は認められない」、「大切なのは(母親に限らず)育児者によって注がれる愛情の質である」と明言している。高橋はこうした動きを、伝統的子育てを破壊するものとして憂慮している。

ことほどさように、子どもが三歳になるまで母親が子育てに専念することの必要性は、「三つ子の魂百まで」ということわざとともに語られることが多い。しかし、ことわざ辞典など、特に古いものを繙《ひもと》けば、「三つ子」とは三歳というよりも、幼い子ども・わらべの意味でさまざまなことわざに使われたこと(例えば「三つ子に剃刀」は危険なことのたとえ)、「三つ子の魂」は「三つ子の心」「三つ子の根性」「三つ子の智慧」などとも言われ、生まれつきの性質は歳をとっても変わらないことのたとえとして用いられることが多いことがわかる。少し変わった例では、江戸時代の歌舞伎の脚本『兵根元曾我《つわものこんげんそが》』という、幾多ある曾我兄弟仇《あだ》討ちものの話のひとつの中に、兄十郎が五歳、弟五郎が三歳の時に仇討ちを決心することになったいきさつを思い出し、「三つ子の魂百まで」と仇討ちをなしとげる覚悟を述べる場面がある。このことわざの出典としては他に、『世間娘容気《かたぎ》』などの浮世草子、式亭三馬の『浮世風呂』、果ては『論語』まで出てくることがある。高橋など親学を推進する方々は、日本の伝統や文化を称揚するのであれば、安易に「三つ子の魂百まで」を伝統的子育てというのは止めた方がよい（親学が他に日本の伝統としてもち上げる「江戸しぐさ」の問題はすでに詳しく批判されている。原田 二〇一四）。

三歳までの乳幼児期は子どもの発達上重要な時期であり、子どもの「健全」な成長のためにはその時期のしっかりとした母子関係が不可欠であると言われるようになったのは、一九五〇年代後半から六〇年代にかけて精神科医・精神分析家として発達心理学を研究したJ・ボウルビィが発表した「母親（母性）剥奪（maternal deprivation）理論」に端を発する。ボウルビィは第二次世界大戦後、WHO（世界保健機関）の求めに応じて、両親を失い収容施設生活を経験した子どもたちを対象に調査をおこない（いわゆるホスピタリズム、「施設病」の研究）、乳幼児期に母性的養育を奪われた子どもには、将来に及ぶ情緒面でのマイナスの影響がみられるという結論を発表した。

ボウルビィの母親剥奪の考え方は、乳幼児期に最も重要な他者である母親と絆（bond）を形成することが子の精神的「健全さ」の土台となるという、絆をキーワードとする母子関係理論から導き出されている。ボウルビィの理論は反響を呼び、極端化されたり単純化されたりしながら、世界的に広がっていった。日本でも、乳幼児期に母親がしっかりと愛情をそそがなかった場合、子どもの「健全」な成長がさまたげられ、長期にわたる深刻な影響が残るという言説が先述の「三つ子の魂百まで」ということわざのぼんやりしたイメージと共振しながら、流布していったのである。

しかし、その後、母子関係理論は学術レベルでは反証を含めてさまざまな議論があり(ラター一九七九、アイヤー二〇〇〇など)、「生母」による二四時間の密着型子育ての絶対必要視が生み出す悪影響については、多くの論者が批判している(そもそも「母性的養育」が「誤読」されたことをボウルビィ自身もみとめている。つまり、生母でない、安定した関係にある養育者や父親でも可)。また、乳幼児期の母子関係と、その後の子どもの発達状況については、一貫した科学的根拠を見つけることができないと言われている。これもまた少し考えればわかることだ。人間は実に多くの環境要因によって成長する。母子関係単独の影響力を科学的に明らかにすることは、まずもって不可能である。「母性愛神話」や「三歳児神話」は、原因と結果の間の因果関係があいまいなままに強迫的な機能をもつ。

「母親になれ」プレッシャー

第一安倍内閣(改造)時代の、柳澤伯夫厚労大臣による「一五〜五〇歳の女性の数は決まっている。産む機械、装置の数は決まっているから、あとは一人頭で頑張ってもらうしかない」といういわゆる「女性は産む機械」発言は、二〇〇七年のことである。

二〇一五年八月に文科省が高校に配布した保健副教材改訂版は、「健やかな妊娠・出産のために」という項目で、女性の妊娠のしやすさは二二歳がピークであり、その後急激に低下していくことを示す「科学的根拠」のグラフを掲載し、三〇歳までに結婚して妊娠するプランをすすめるような内容を盛り込んでいた。しかし、「科学的根拠」として紹介されていたグラフは正確に出典が示されておらず、このグラフは「二〇歳代前半をすぎると妊娠しにくくなる」と女性たちを「強迫」する意図をもってつくられた、間違ったものではないかとの指摘がなされた。文科省が間違いをみとめグラフの差し替えをおこなったところ、修正後のグラフは、最初のものよりは三〇歳代の妊娠率が高めのゆるやかなカーブを描いている。しかもその差し替えられたグラフにも疑問が呈され、そもそもグラフが作成された来歴や内容に不透明な部分が残ったため、研究者の追究によって、最初のグラフは複数の調査結果を基につくりあげた「架空」といってもよいようなデータであったこと、にもかかわらず、少子化対策のための公の場面で多く活用されていたものであったことなどが判明している（高橋さきの 二〇一五、田中 二〇一六）。

親学や家庭教育支援の「国民運動」を推進するひとびとは、女性が家庭で子育てをすることが本来望ましいと考えている。この勢力は、自虐史観攻撃やジェンダー・バッシング、憲法「改正」運動を担う人たちと重なっている。安倍首相は、かつて「ジェンダー・フリー」教育や性教育バッシングの中心的存在であったし、高橋史朗は現在も「親学」の著書で、さかんにジェンダー・バッシング、「男らしさ／女らしさ」「父性／母性」の固定化、性別役割分業の必要性についてくり返し述べている。

異性愛の両親が標準家庭、そして母親の役割が強調される危険性

このことを少し別の観点から見てみよう。第三章で「児童の権利条約」の一部を紹介した際に

若干指摘したが、政府が法律や条約の翻訳をどのようにしているかに着目すると、面白い事実が浮かび上がってくる。

改正教育基本法の第十条「家庭教育」は「父母その他の保護者」が主語となっているが、文科省のホームページで公開されている英訳では（公定訳ではないとの断りが記載されているが、他に公的な訳は公表されていないので、これを用いる）、'mothers, fathers, and other guardians' となっている。

一方、英語で策定されている国際条約である「児童の権利条約」の外務省訳では、英語の 'both parents' や 'parents' を必ず「父母」と訳している。国際教育研究会による「子どもの権利条約」と題された翻訳では、'both parents' は「親双方」と、'parents' は「親」となっている。

小さなことのように思えるかもしれないが、筆者はこのことに気づいた時に、なるほどと得心するものがあった。日本政府は、日本語で法律をつくる時には、「父母」という、異性愛の組み合わせが明確な言葉を使いたい。「親」でよい場合でも、「父母」である。「親」にしておけば、シングルマザー、シングルファーザー、同性の両親でも問題が生じないのに、わざわざ「父母」という言葉を使うのは、それが標準的で望ましい家族像に当てはまるからであろう。

英語の 'both parents' の場合、同性の両親も含意し得る。それを「親双方」と訳すと、英語と同じく同性の組み合わせでも当てはまる。「両親」としてしまうと、イコール父母（異性カップル）のイメージが強くなる。しかも、日本政府は、それを「父母」と訳したい。

さらに興味深いのは、改正教育基本法で「父母」となっている箇所を、わざわざ'mothers'を先頭にして英訳していることだ。家庭教育支援法ができる場合、「父母」というにせよ、「親」というにせよ、母親に最も重要な責務を負わせる発想が含まれることが推測されるのである。

両親がいて当たり前で、両親に愛されて育つことの重要性を強調すればするほど、少なくとも主観的に「愛されていない」「他の家庭ほど幸せではない」と感じている子ども、親と暮らしていない子どもたちは、より苦しむことになりはしないだろうか。昨今学校で流行している「命の教育」が、「あなたは望まれて生まれてきたから価値がある」「愛の結晶だ」と子どもたちに伝えれば伝えるほど、追いつめられる子どもたちがいることにもっと敏感であるべきだろう（木村 二〇一六）。

子どもたちは多様な状況におかれている。どんな状況にあっても、子どもたち自身に価値があり、他者から尊重されるべき存在だ。基本的人権とはそういうものである。そうした人権概念よりも、のぞましい家庭像を強調することが、「本来の子ども中心の家庭像」から距離のある立場にある子どもたちの苦悩を深めている可能性を軽視してはいけない。家庭教育支援条例や法案は、そうした危険性をはらんでいることも指摘しておきたい。

五　家庭教育への介入——すでにそれを私たちは経験している

いま、教育勅語の賞賛が横行する不思議

教育勅語を暗唱させる大阪の幼稚園で、「安倍首相、ガンバレ。安保法制、国会通過良かったです」と子どもたちに大きな声で宣言させる。二〇一七年春現在、その法人が設立をめざす小学校の認可をめぐる大きな疑惑が世間を騒がせ、国会をゆるがせている。「安倍首相、ガンバレ…」の言葉を大声で叫ぶということが小学生の間で流行っているとも聞く。

その騒ぎが拡大する中で、教育勅語を賞賛する声がちらほらと聞こえてくる。人気芸能人のみならず一国の大臣たちも、教育勅語は「夫婦仲良く」や「父母に孝行」など、良いことが書いてある、と発言している。少し前までは、こうした発言は公の場では決して許されないものだった。しかも二〇一七年三月三一日には安倍内閣は教育勅語を「憲法や教育基本法に反しない形で教材として用いることまでは否定されることはない」との答弁を閣議決定し、四月には松野博一文科大臣は道徳で用いることも可だと記者会見で答えた。

教育勅語は戦後、国会によって排除・失効の確認が決議された文書だ。それは、戦後民主主義日本社会の、また国際社会の常識である。教育勅語の肝心の精神を隠した「現代訳」が紹介され、意図的に誤解させようとしているひとびとがあとを絶たない。

教育勅語とはどのようなものか。歴史の授業などで歴史文書として習うはずであるが、若い世代はなじみがないだろう。あらためて全文を読んでみよう(ルビを補った)。

教育ニ関スル勅語

朕惟《チンオモ》フニ我《ワ》カ皇祖　皇宗《クワウソクワウソウ》國《クニ》ヲ肇《ハジ》ムルコト宏遠《クワウエン》ニ徳《トク》ヲ樹《タ》ツルコト深厚《シンコウ》ナリ我《ワ》カ臣民《シンミン》克《ヨ》ク忠《チユウ》ニ克《ヨ》ク孝《カウ》ニ億兆《オクテウ》心《ココロ》ヲ一《イツ》ニシテ世々《ヨヨ》厥《ソ》ノ美《ビ》ヲ濟《ナ》セルハ此《コ》レ我《ワ》カ國體《コクタイ》ノ精華《セイクワ》ニシテ教育《ケウイク》ノ淵源《エンゲン》亦《マタ》實《ジツ》ニ此《ココ》ニ存《ソン》ス爾　臣民父母《ナンヂシンミンフボ》ニ孝《カウ》ニ兄弟《ケイテイ》ニ友《イウ》ニ夫婦《フウフ》相和《アヒワ》シ朋友相信《ホウイウアヒシン》シ恭儉己《キヨウケンオノ》レヲ持《ヂ》シ博愛衆《ハクアイシユウ》ニ及《オヨ》ホシ學《ガク》ヲ修《ヲサ》メ業《ゲフ》ヲ習《ナラ》ヒ以《モツ》テ智能《チノウ》ヲ啓發《ケイハツ》シ徳器《トクキ》ヲ成就《ジヤウジユ》シ進《スス》テ公益《コウエキ》ヲ廣《ヒロ》メ世務《セイム》ヲ開《ヒラ》キ常《ツネ》ニ國憲《コクケン》ヲ重《オモン》シ國法《コクハフ》ニ遵《シタガ》ヒ一旦《イツタン》緩急《クワンキフ》アレハ義《ギ》勇《ユウ》公《コウ》ニ奉《ホウ》シ以《モツ》テ天壤無窮《テンジヤウムキユウ》ノ皇運《クワウウン》ヲ扶翼《フヨク》スヘシ是《カク》ノ如《ゴト》キハ獨《ヒト》リ朕《チン》カ忠良《チユウリヤウ》ノ臣民《シンミン》タルノミナラス又以《マタモツ》テ爾祖先《ナンヂソセン》ノ遺風《ヰフウ》ヲ顯彰《ケンシヤウ》スルニ足《タ》ラン

斯《コ》ノ道《ミチ》ハ實《ジツ》ニ我《ワ》カ皇祖皇宗《クワウソクワウソウ》ノ遺訓《ヰクン》ニシテ子孫臣民《シソンシンミン》ノ倶《トモ》ニ遵守《ジユンシユ》スヘキ所之《トコロコレ》ヲ古今《ココン》ニ通《ツウ》シテ謬《アヤマ》ラス之《コレ》ヲ中外《チユウグワイ》ニ施《ホドコ》シテ悖《モト》ラス朕　爾　臣民《チンナンヂシンミン》ト倶《トモ》ニ拳々服膺《ケンケンフクヨウ》シテ咸其徳《ミナソノトク》ヲ一《イツ》ニセンコトヲ庶幾《コヒネガ》フ

明治《メイヂ》二《ニ》十三年十月三十日《ジフサンネンジフグワツサンジフニチ》

御《ギヨ》名《メイ》　御《ギヨ》璽《ジ》

教育勅語の核心

以下、ポイントを解説させていただく。

いろいろと論点はあるが、大きな問題は二つである。

第一は、国民が、天皇に支配され、天皇のために仕える存在として規定されていることである。冒頭の「朕《ちん》」は天皇の自称である。ただし、戦後天皇が「朕」と言っているのを聞いたことがある人はほとんどいないはずだ。「朕」は、皇帝あるいは「天子」（＝日本の皇帝としての天皇）のみに許された自称で、「朕」に対する言葉は、「我カ臣民」（わがしんみん）である。つまり、天皇が支配者で、国民は被支配者であることを意味する。国民主権ではないこと、これが教育勅語の枠組みの第一の問題点である。

冒頭の続きにある「我カ皇祖皇宗國ヲ肇ムルコト宏遠ニ」（わがこうそこうそうくにをはじむることこうえんに）は、天皇の先祖が日本という国をつくったと述べている。これらの部分には、神であった天皇がこの国をつくり、代々の天皇が万世一系で支配してきたという考え方（国体思想、国家神道）がベースにある。戦前に天皇が現人神《あらひとがみ》と呼ばれていたことは、よく知られている。だからこそ、戦後一九四六年一月一日、昭和天皇は「人間宣言」と呼ばれる詔書を公表した。教育勅語は、神の子孫としての天皇が国民の上に君臨することを前提に書かれている文章だということを忘れてはいけない。

第二は、第一の点の延長線上にある。臣民である国民は天皇のため、天皇が支配する日本のために、滅私奉公しなければならないとの主張だ。後半の文章「一旦緩急アレハ」（いったんかんきゅうあれば)、つまり非常事態になれば、「義勇公ニ奉シ以テ天壌無窮ノ皇運ヲ扶翼スヘシ」(ぎゆうこうにほうじ、てんじょうむきゅうのこううんをふよくすべし)、国のために奉仕し、すばらしい皇室の運命を維持することにつとめなければならない。

歴史をふり返れば、戦時体制下でそれが現実のものとなったことを、私たちは知っている。当時、個人の権利や自由を尊重する考え方は、敵国の悪思想(すべては「エゴイズム」と解釈されていく)だと排斥された。

戦前は学校では独特の節をつけて子どもたちに暗唱させたというが、リズムに乗せるとなかなか調子が良く読めるようにつくられている。余談だが、筆者は幼少期に母から地域の数え歌などと一緒に教えられ、前半半分ほど暗唱できる。暗唱好きの幼児に深い考えもなく母は教えたようだったが、私はまったく意味を知らないまま、学校の掃除時間中に大きな声で唱えていた。するとたまたま通りかかった高齢の先生から「なぜそれを知っているのか」と問われ、「それを聞いて辛い思いをする人が居ることを知ってください」と、悲しそうに諭された経験がある。教育勅語が、再び「声に出して読みたい」日本語教材にならないことを祈るばかりだ。

深い考えもなしに私に教育勅語を教えた母は、敗戦間近の一九四五年八月五日、一番近い市街地(愛媛県今治市)の上空がB29の焼夷弾で真っ赤になっていたこと、その翌日から三日間市街地に救援と片付けに行った父親(私にとって祖父)が、帰宅してもしばらく食事もせず、市街地の様子を決して語らなかったことなどについても、よく語ってくれもしたのである。

戦前の学校教育制度における近代家族の創出

私たちがほんの七十年ほど前まで、明確に性差別的な学校教育制度の下で教育されていたことも思い出しておきたい。大学がその代表であるが、女子には学校への入学資格を与えないという学校の「入り口」での「排除」、中等教育機関では男女別の学校制度を体系化する「分離」、性別によって異なる方針とカリキュラムで教化される「差異化」。戦前日本の学校教育システムは、「排除」「分離」「差異化」のすべての形態が、公的に制度化されたものだった(木村 二〇一六)。

いま、一部の私学などを除き、ほとんどの場で性別にかかわりなく共に学ぶ光景に私たちは慣れてしまっているが、これが当然・自然であるという考え方も新しいものであり、民主主義社会とともに構築してきた光景なのである。

日本の近代学校教育の法制的な第一歩は、一八七二(明治五)年の学制発布である。その時出された「学事奨励ニ関スル被仰出書《オオセイダサレショ》」は、「自今以後《コレヨリイゴ》、一般ノ人民華士族農工商及婦女子必ス邑《ムラ》ニ不学ノ戸《コ》ナク、家ニ不学ノ人ナカラシメン事ヲ期ス」と宣言した。すなわち士農工商の身分を問わず、さらには男子のみならず女子もふくめて、すべてのひとが学校で学ぶことを明治政府は奨励した。近代国家としての日本が「国民」を成立させようとした時、身分の廃止とともに封建的な男女の区別もまた、少なくとも形式的には否定せざるを得なかったと言えよう。近代学校教育システムにおいて、男女は等しく「国民」として統合されたのである。

しかしそれは、学校教育における近代的なジェンダー秩序形成のスタートでもあった。「排除」「分離」「差異化」の三位一体によって、学校教育は、近代的な「男性」と「女性」の特性を内面化した人材（＝「国民」）を育成し、近代家族という、人的資本の生産・再生産を担う重要な社会装置を創出した。近代日本の学校教育は、儒教道徳、天皇制、家族国家観などの特徴を含みつつも、基本的には欧米諸国と共通する近代的なジェンダー秩序、近代的な家族を志向していたのである。

近代家族は、次代の国民＝次代の労働者と兵士と母を、生殖活動として「生産」するのみならず、近代的なイデオロギーを内面化した主体としても「生産」する機能を負う。近代家族が、近代国家の成立に欠かせない重要な社会装置であることへの指摘は、近年さかんになされている（たとえばドンズロ　一九九一など）。近代日本は、その歴史的経緯から「上からの近代化」をすすめたとされるが、産業化を背景として自然発生的に生じる近代家族の拡大も、日本の場合は、欧米諸国以上に目的意識的にすすめられたととらえることができる。

国家による直接的なコントロールを働かせることがより容易であった学校教育制度によって、近代家族の誕生と拡大は強力にサポートされた。すなわち、男性を「一家の大黒柱」として勤勉に働く労働者に、女性を「内助の功」をになう家事・育児専従者へと方向づけ、その分業体制にもとづく家族イメージの伝達もおこなった。国家による強力な統制下、男女別に整然と体系づけられた学校教育は、ジェンダー化された「女」と「男」の育成と同時に、両者のカップリングによる近代家族を創出する社会装置として、戦前・戦中を通して大きな役割を果たしてきたのである。

一九三〇年代後半から厳しさをますファシズム期には、学校教育はもちろん、家庭教育にも直接的な統制が及んでくる。

ファシズム期における家庭教育振興政策

「十五年戦争」とよく言われるが、日本は一八九四年の日清戦争、一九〇四年の日露戦争と、約五十年間、戦闘行為が中断したことはあっても、徴兵制を維持し、戦争をつづけてきた。日清・日露の際には、それぞれ国内外で貴重な人命を犠牲にしたにもかかわらず、提灯行列などで戦勝を祝った国民は少なくなかった。それをもって、一九四五年以前の戦時体制を「五十年戦争」と呼ぶべきだという意見もある。日清戦争が勃発した明治中期より、日本は戦時に常に備え、学校教育でも社会教育でもそれにふさわしい方針が出され、教育実践がなされてきた。

しかし、戦争遂行という国家方針に逆らうことが困難となるファシズム化は、一九三〇年代からそれがより本格的にすすんだ。家庭教育については通常、一九三〇年一二月二三日に文部省が出した訓令「家庭教育振興ニ関スル件」がファシズム期の家庭教育振興政策の起点ととらえられている（小山 一九九九、奥村 二〇一四）。

以下がその全文である。漢字とカタカナで読みにくい文章ではあるが、ざっとご覧いただきたい。

家庭教育振興ニ関スル件（昭和五年十二月二十三日文部省訓令第十八号）＊傍線と丸付数字は筆者が加筆

国運ノ隆替風教ノ振否ハ固ヨリ学校教育並社会教育ニ負フ所大ナリト雖之力根帯ヲナスモノハ

実ニ家庭教育タリ蓋シ①家庭ハ心身育成人格涵養ノ苗圃ニシテ其ノ風尚ハ直チニ子女ノ性行ヲ文配ス維新以来教育益々興リ文運弥々隆ナルヲ致セリト雖②今日動モスレハ放縦ニ流レ詭激ニ傾カントスル風アルハ家庭教育ノ不振之カ重要原因ヲナスモノニシテ国民ノ深ク省慮スヘキ所ナリ顧ルニ③往時我ガ国民ハ概ネ家風ノ顕揚ヲ旨トシテ家訓ヲ敷キ家庭ハ実ニ修養ノ道場タルノ観ヲ呈セリ然ルニ学校教育ノ勃興ト共ニ世上一般教育ヲ以テ学校ニ一任シ家庭ハ其ノ責ヲ与ラサルカ如キ情勢ヲ馴致セリ現時ニ於テ屢々忌ムヘキ事相ヲ見ル洵ニ故ナキニアラサルナリ此ノ時ニ方リ④我力邦固有ノ美風ヲ振起シテ家庭教育ノ本義ヲ発揚シ更ニ文化ノ進運ニ適応シテ家庭生活ノ改善ヲ図ルハ啻ニ教化ヲ醇厚ニスル所以ナルノミナラス又実ニ国運ヲ伸長スルノ要訣タルヲ疑ハス⑤家庭教育ハ固ヨリ父母共ニ其ノ責ニ任スヘキモノナリト雖特ニ婦人ノ責任重且大ナルモノアリ従ツテ斯教育ノ振興ハ先ツ婦人団体ノ奮励ヲ促シ之ヲ通シテ一般婦人ノ自覚ヲ喚起スルヲ主眼トス之カ実際的施設ニ関シテハ別ニ示ス所アルヘキモ地方長官ハ右ノ趣旨ヲ体シ今後一層斯教育ノ振興ヲ図リ各種教育施設ト相俟チ我カ国民教育ヲ大成スルニ於テ万遺憾ナキ期スヘシ

傍線部について、おおよその意味を説明したい。

①家庭は子どもの心身育成や人格を完成させるための苗床《なえどこ》で、家庭の在り方で子どもたちの性質や言動が決まるものだ。

②今日放埒《ほうらつ》で過激な風潮がみられるが、これは家庭教育がうまくいっていないためであり、国

民は深く反省しないといけない。
③かつての日本人は良い家庭教育をおこなっていたが、学校教育が整備されるとともに、学校に任せて家庭が責任を放棄する傾向がある。
④我が国の固有の美しい風潮を思い起こし家庭教育の本来の意義を見つめ直し、文化の発展にしたがって家庭生活を改善する必要がある。
⑤家庭教育の責任は父母にある。特に母親の責任は重大であるから、女性団体は一般女性の自覚を喚起しなければならない。

以上、いかがだろうか。いま各地で制定されている家庭教育支援条例や自民党の家庭教育支援法案との類似性が見てとれる。

この訓令以降、文部省による「母の講座」、小学校単位の「母の会」の全国設置、大日本婦人会などによって、母親たちを直接的に国家によって統制しようとする動きが活発化した（奥村 二〇一四）。

一九三七年八月に「国民精神総動員実施要綱」が閣議決定された後、全国の社会教育組織や女性団体はあらためて体系化され、国家方針の下に動く組織となっていく。その三年後の一九四〇年の大政翼賛会の結成はすなわち、あらゆる政治結社の解散を意味していた。大政翼賛会以外に、ひとびとが発言したり活動したりする場はなくなった。市井のひとびとも、同年には隣組の制度化などにより、組織されたのである。

戦場に送られる男性と、銃後で逃げ場をなくす女性

一九四〇年代に入ると戦況は悪化し、男性たちは次々と戦場に送られていく。銃後の守りを課せられた女性たちにも、さらなる課題が覆い被さってくる。

一九四一年、教育審議会答申の「社会教育ニ関スル件」において、次のように「家庭教育ニ関スル要綱」が盛り込まれた。

一　家庭教育ハ子女育成ノ基礎タルヲ以テ皇国ノ道ニ則リ我が国家族制度ノ美風ヲ振起シテ家生活ヲ充実シ健全有為ナル子女ヲ薫陶スルヲ以テ趣旨トナスコト
二　家庭教育ニ於イテハ左記事項ニ留意スルコト
(一)家ニ対スル我ガ国固有ノ観念ヲ把握セシメ家族制度ノ真精神ニ徹セシムルコト
(二)健全ナル家風ノ樹立ニ力ムルトトモニ家庭生活ノ刷新改善ヲ図ルコト
(三)敬神崇祖ノ念ヲ養ヒ家ニ於ケル祭祀及行事ヲ重ンズルコト
(四)子女の躾を重視シテ其ノ善良ナル品性、剛健ナル精神、淳美ナル情操ノ涵養、正シキ習慣ノ修得、実践躬行ノ訓練ニ力ムルコト
(五)子女ノ保健衛生ニ留意スルトトモニ鍛錬ヲ重ンジ強靭ナル心身ノ育成ニ力ムルコト
(六)子女に対シ科学的教養訓練ヲ行フコト
(七)家庭ニ於イテハ学校ト密接周到ナル連絡ヲ図リ子女ノ教養上遺憾ナカラシムルコト

図4　『家庭教育指導叢書』の1冊(昭和17年3月発行).

図5　『日本婦人』昭和18年7月号.

三　遊技場其ノ他幼少年養護施設ヲ拡充整備シ家庭教育ノ完キヲ期スルコト

四　婦人諸団ヲシテ家庭教育ノ振興ニ資セシムルコト

五　母ノ会等ノ施設ノ整備ヲ図リ国民学校、幼稚園、託児所等ニ普及徹底セシムルコト

この文章の説明は省くが、これも改正教育基本法や家庭教育支援法案に似ている。

その後、家庭教育はさらに国家に拘束されていく。一九四二年五月には「戦時家庭教育指導要綱」が文部省から公表され、その内容は同年より一九四四年まで社会教育協会から次々と発刊・増刷を重ねた『家庭教育指導叢書』の全十七巻中の第一集として出版された(**図4**の写真は第四集)。

一九四二年、大日本婦人会が全国津々浦々の部落会や町内会の中に婦人会を設置し、女性たちはそこに所属することになった。大日本婦人会は『日本婦人』という雑誌を毎月発行し、「必勝貯蓄」「婦人勤労と食料事情」「この一粒も勝つ為に」といったスローガンを表紙に掲げて、女性への教育をおこなった（**図5**）。誌面には、「婦人総決起！」（『日本婦人』一九四二＝昭和十七年九月号）や「お国を守る義務と栄誉は男子の占有ではない！」（『日本婦人』昭和十七年一一月号）というスローガンが飛び交うが、こうした傾向は大日本婦人会発行の冊子に限ったことではなくなっていく。一九四〇年代になると、『主婦之友』や『婦人倶楽部』『婦人公論』などの商業雑誌も、検閲や用紙の制限などの国家のコントロールによって、徐々に類似の記事を増やしていく（木村 二〇一〇）。この頃には、日本中どこにいても、ひとびとに逃げ場はなかったのである。

おわりに――家庭とは誰のものか

子育て支援は必要――すでに多くの努力がひとびとを助けている

前章で戦前日本ファシズム期の家庭教育政策の歩みをたどった。母性が自民族の優位性による戦争の正当化と結びつけられ、過度に称揚されたのは、ナチス・ドイツのヒトラー政権でも、同様である。「母性」は、実際に兵士を産み育て戦場にいさぎよく送るという現実的な役割を担うとともに、戦意昂揚のために利用されやすい、情緒的に強力なシンボルなのである。

しかし、では家庭教育支援、子育て支援のようなものがすべて悪いのかといえば、当然ながら、そうではない。戦後、新憲法の下、社会教育関係者が新しい民主社会をつくる主体としての意識をもち、公民館、児童館、図書館など、人が集まり文化を共有する場を公共空間として地域に提供する歩みを蓄積してきた。社会教育分野は、農村の「嫁」「妻」の立場の改善のために、さまざまな取り組みもおこなってきた。

戦後の母親教室、やがて両親教室、父親教室ができ、それらも長い歴史をもつ。その中には、「あるべき親像」を教えるといった面もあっただろう。しかし、人権意識、主体意識は徐々にひとびとの間で広がっていき、専門家から「教わる」だけではなく、相互の学びや参加型学習、親子で参加できる機会を求めるニーズが高まり、社会教育施設や保育所・幼稚園・学校も、それらに応えるようになっていった。特に一九七〇年代に国際的に生涯学習概念が提唱されるようになってからは、社会の「上からの教化」ではないことを、より一層明確化するために、学習者が何を学びたいのか、そのニーズやアクセスに焦点を当てて、生涯学習センターなどが各地にできた。

　先述のように、都市化によって核家族・専業主婦が増え、母親が一人で乳幼児と向き合う密室での子育て、カプセル化された母子関係などは、二一世紀になって生じた問題ではない。すでに一九六〇年代、七〇年代に、孤立した子育ては社会問題化していた。子育て中のお母さんたちにとっての学びの場を提供するという試みは、七〇年代には公民館などを中心に、また九〇年代以降は女性センター、男女共同参画センターなどでおこなわれてきた。

　児童虐待が本格的に注目されたのは一九八〇年代からだ。苦しみ悩む母親たちに寄り添ってきたのは、ホットラインなどの先駆的な市民運動であり、社会教育機関や保育所・幼稚園である。近年、保育所では子どもへのケアだけでなく、保護者へのケアを担うことの必要性が認識されるようになってきている。

　保育所、託児つきの公民館や女性センターに助けてもらったと語る人は多い。子育ての悩みを共有する仲間に出会え、自分を見つめ直し、子どもとの関係も再構築していく。休みの日には父親教室も開催される。子どももまた、他の子どもたち、そして親以外の大人との交流によって、家庭の中でのみ過ごすよりも、より豊かな刺激を得て成長していく。

　筆者の住む大阪をはじめとして、多くの自治体で、小学校区・中学校区を単位とした地域教育コミュニティをつくっていく取り組みがおこなわれている。家庭・学校・地域・ＮＰＯ・行政など、複数の主体が子どもを中心に協力し合うのだ。家庭の教育力や地域の教育力が弱っているのであれば、再構築しよう。それは「立派な親になろう」というお説教で実現するものではない。互いのニーズと互いの資源をもちあって、コミュニティを作り上げていく。複数の主体が関わることで、親も子も地域も教師も育つ(池田 二〇〇一、高田 二〇〇五)。

現在、文科省が手がけている子育てサポーターリーダー育成や家庭教育支援チームの組織化、これらも市民にとって、ありがたい取り組みになり得る(柏木 二〇〇二)。各自治体では、真摯に家庭の状況に向き合い、種々の支援の取り組みを以前からおこなっていることが多い。その工夫は地域によってそれぞれだ。

ただ、子育て支援にかけている国の予算は、他国に比べて非常に低いことはよく指摘されている。また、予算をつけても三世代同居促進政策、三年間の育休延長など、共働きの子育て世代(とりわけ都市部)のニーズからすると、的外れな政策が多い(柴田 二〇一七)。出身地に住む親と離れて都市部で暮らす夫婦(転勤もある)には三世代同居は非現実的なものであるし、三年間も育休をとると職場復帰がさらにむずかしくなる。まずはしっかりした保育施設の確保や、子育て中の母親／父親の時短勤務やフレキシブル勤務の導入、保育料や幼稚園授業料の無償化など、優先されるべき施策はもっと多いはずだ。

国家のための家庭教育支援ではなく、私たち市民のための支援を

「パン屋を和菓子屋へ」がクローズアップされた今回の教科書検定に関する報道では、家庭科教科書でＬＧＢＴ(Lesbian, Gay, Bisexual, Transgender の頭文字を繋げた総称)という言葉が初めて

掲載され、女性の同性婚についてのコラムが登場したという事例の紹介もあった。セクシュアル・マイノリティの権利に対する配慮がすすんでいるようにも見える。しかし家庭科教科書全体が、多様な家族像を認める方向に動いているかといえば、簡単にそうは思えない。一九九六年、二〇〇六年の家庭科教科書の検定では、シングルマザーの家庭で育ったことを肯定的に語るミュージシャンのコラムが削除、一人分の調理材料の記載が修正(標準的な家族の食事を示すように)、多様な家族があることを紹介した部分の修正などが要求された。現実には多様な家族や暮らし方が広がっているにもかかわらず、単一の「あるべき」家族像を示すよう求められた家庭科教科書出版社は、検定合格を得るために、やむなき修正を重ねてきた(鶴田 二〇〇四)。

一九九九年の国旗・国歌法の成立以降、教育現場で国旗掲揚や国歌斉唱の義務化がすすみ、二〇〇六年の教育基本法「改正」後、学習指導要領改訂のたびに、伝統の尊重、愛国心、道徳の重視や、あるべき家庭像の称揚の動きが強まっている。大きな議論を呼んでいる親子断絶防止法制定をめざす動き、親学や文科省による「早寝早起き朝ごはん」国民運動の推進、そして今般の家庭教育支援法案提出などは、「あるべき家族」を画一的に求めようとしているようにみえる。そしてそれらは、「個人の尊厳と両性の本質的平等」を定めた憲法二十四条改正の動きにも連動していることが推測される。

いま重要なのは、多様な家族が存在している現実を直視し、「あるべき型」に押し込めるよりもむしろ、その多様性が豊かに花開くよう、サポートすることではないだろうか。国際的にも、「家族」とは何かを問い直し、新しい形を模索する動きが活発化している。

海外の子育て支援は実にさまざまで豊かだ(汐見 二〇〇三)。カナダの子育て・親支援プログラムのキャッチフレーズは、'Nobody's Perfect'(「完ぺきな親なんていない」)である(カナダ・公衆衛生局 二〇一〇)。ほっとする言葉ではないだろうか。フィンランドでは出産・子育て家族サポートセンターとして、'neuvola《ネウボラ》'という公営施設が各地に設置されている。ネウボラとは「アドバイス」の意味。「上から教える」のではなく、対話が重視されている場所だそうである(高橋睦子 二〇一五)。

社会格差や貧困と教育の問題でいえば、アメリカ合衆国には、国家として莫大な予算と人的資源を投資したヘッドスタート(Head Start)という補償教育プログラムがある。一九六五年にジョンソン大統領が「貧困との戦い(War on Poverty)」の一環としてスタートさせてから現在まで継続しているもので、アメリカ版の家族支援・家庭教育支援の代表例だろう。黒人の子どもたちの低学力を改善するために、全米にヘッドスタートのための施設を設立し、就学前の学習プログラムと、保護者を対象とした子育てに関する情報を提供するプログラムを運営し、地域のひとびとの身近な拠り所として機能してきた。ヘッドスタート・プログラムは費やした予算に見合う成果を挙げているのかどうか、折々に議論されてきたが、この間黒人の学歴は着実に向上してきた。このプログラムは、現在も活発に活動している(https://www.acf.hhs.gov/ohs)。

家庭教育支援法案の力点は、「国家のための家族」をつくるための支援にあるのか、「市民が営む家族」(国民という表現は国籍によって日本社会に暮らすひとびとを分断するのでここでは使わない)を充実させるための支援にあるのか。それが最も重要な問いとなるだろう。

最後に本書の執筆にあたり、歴史史料を見直してみて、非常に興味深いというべきか、やや背すじが寒くなる発見をしたことを記しておきたい。一九三七年から四一年にかけての教育審議会総会会議録の中に、複数回、女子にも高等学校や大学をという議論が見られる(主として審議会に一人だけ女性として参加している吉岡彌生の発言)。教育史ではよく知られていることだが、一九四二年、最終的に審議会は、女子高等学校・女子大学の設置をみとめる結論を出している(その実現は結局は敗戦後のこととなる)。興味深いのはその先である。女子にも高等教育をとの議論が固まりかけていた一九四〇年頃に、女子にも男子と同等の教育の権利をみとめるならば、義務も同等に担ってもらうことになるのかとの意見が出される。女子にも兵役をという意見だ。審議会は、女子兵役の結論を出していないが、検討事項としては一度ならず議論されたことを記憶しておきたい。

現に、スウェーデンでは二〇一七年三月に、次年度からの女性を含めた徴兵制復活を決めたばかりである。国家のためにということがひとり歩きしていけば、「男女共同参画」の徴兵制もさほど遠くない未来なのかもしれない。多くの人が望まない未来であっても、国家が必要とすればその未来は訪れる。それを可能にしているのが、国民に徳目を強制する道を国家に開いた改正教育基本法であり、さらにその〝道〟を広げようとするものが家庭教育支援法ではないだろうか。

参考文献・資料（著者名アルファベット順）

E・バダンテール、鈴木晶訳『母性という神話』ちくま学芸文庫、一九九八年（原著 Badinter, E. (1980), *L'amour en plus: histoire de l'amour maternel*, Flammarion)

カナダ・公衆衛生局著・Nobody's Perfect Japan 監修・幾島幸子訳『完ぺきな親なんていない――子どもの感情・親の感情』遠見書房、二〇一〇年

千野陽一『近代日本婦人教育史――体制内婦人団体の形成過程を中心に』ドメス出版、一九七九年

J・ドンズロ、宇波彰訳『家族に介入する社会――近代家族と国家の管理装置』新曜社、一九九一年（原著 Jacques Donzelot (1977), *La Police Des Familles*, les Editions De Minuit)

D・E・アイヤー、大日向雅美・大日向史子訳『母性愛神話のまぼろし』大修館書店、二〇〇〇年（原著 Dian E. Eyer (1992), *Mother-Infant Bonding: A Scientific Fiction*, Yale University Press.

原田実『江戸しぐさの正体――教育をむしばむ偽りの伝説』星海社新書、講談社、二〇一四年

池田寛編『教育コミュニティハンドブック――地域と学校の「つながり」と「協働」を求めて』解放出版社、二〇〇一年

柏木惠子『子育て支援を考える――変わる家族の時代に』岩波ブックレット No. 555、二〇〇一年

木村涼子編『ジェンダー・フリー・トラブル――バッシング現象を検証する』白澤社、二〇〇五年

木村涼子『〈主婦〉の誕生――婦人雑誌と女性たちの近代』吉川弘文館、二〇一〇年

木村涼子「ジェンダー秩序をめぐる教育のポリティクス」小玉重夫他編『岩波講座　教育　変革への展望 6　学校のポリティクス』岩波書店、二〇一六年

小山静子『家庭の生成と女性の国民化』勁草書房、一九九九年

牧野カツ子『子育てに不安を感じる親たちへ――少子化家族のなかの育児不安』ミネルヴァ書房、二〇〇五年

大日向雅美『母性愛神話の罠　増補』日本評論社、二〇一五年

奥村典子『動員される母親たち――戦時下における家庭教育振興政策』六花社、二〇一四年
M・ラター、北見芳雄ほか訳『母親剝奪理論の功罪――マターナル・デプリベーションの再検討』誠信書房、一九七九年（原著 Rutter, M. (1972) *Maternal Deprivation Reassessed*, The Penguin Press）
柴田悠『子育て支援と経済成長』朝日新書、二〇一七年
汐見稔幸編著『世界に学ぼう！子育て支援』フレーベル館、二〇〇三年
石楿『ジェンダー・バックラッシュとは何だったのか――史的総括と未来へ向けて』インパクト出版会、二〇一六年
高橋睦子『ネウボラ――フィンランドの出産・子育て支援』かもがわ出版、二〇一五年
高橋さきの「「妊娠しやすさ」グラフはいかにして高校保健・副教材になったのか」『SYNODOS Academic Journalism』http://synodos.jp/education/15125、二〇一五年九月一四日
高田一宏『教育コミュニティの創造――新たな教育文化と学校づくりのために』明治図書出版、二〇〇五年
田中重人「『妊娠・出産に関する正しい知識』が意味するもの――プロパガンダのための科学？」『生活経済政策』No. 230、生活経済政策研究所、二〇一六年
鶴田敦子『家庭科が狙われている――検定不合格の裏に』朝日選書、二〇〇四年

木村涼子

1961年生まれ．大阪大学大学院人間科学研究科教授．専門分野はジェンダーと教育研究，近代日本のジェンダーに関する歴史社会学．著書に『学校文化とジェンダー』(勁草書房)，『教育の社会学——「常識」の問い方，見直し方』(共著，有斐閣アルマ)，『教育／家族をジェンダーで語れば』(共著，白澤社)，『ジェンダー・フリー・トラブル——バッシング現象を検証する』(白澤社)，『モノと子どもの戦後史』(共著，吉川弘文館)，『リーディングス日本の教育と社会 16 ジェンダーと教育』(編著，日本図書センター)，『〈主婦〉の誕生——婦人雑誌と女性たちの近代』(吉川弘文館)など．

家庭教育は誰のもの？
家庭教育支援法はなぜ問題か

岩波ブックレット 965

2017年5月9日　第1刷発行

著　者　木村《きむら》 涼子《りょうこ》

発行者　岡本　厚

発行所　株式会社 岩波書店
〒101-8002 東京都千代田区一ツ橋 2-5-5
電話案内 03-5210-4000　営業部 03-5210-4111
ブックレット編集部 03-5210-4069
http://www.iwanami.co.jp/hensyu/booklet/

印刷・製本　法令印刷　装丁　副田高行　表紙イラスト　藤原ヒロコ

ISBN 978-4-00-270965-9　Printed in Japan